봄처럼 가을 같이

봄처럼 가을 같이

2025년 6월 16일 제 1판 인쇄 발행

지 은 이 ㅣ 이재권
표지그림 ㅣ 이서현(저자의 손녀)
　　　　　「빛이 물든 시간」
펴 낸 이 ㅣ 박종래
펴 낸 곳 ㅣ 도서출판 명성서림
등록번호 ㅣ 301-2014-013
주　　소 ㅣ 04625 서울시 중구 필동로 6(2층·3층)
대표전화 ㅣ 02)2277-2800
팩　　스 ㅣ 02)2277-8945
이 메 일 ㅣ msprint8944@naver.com

값 10,000원
ISBN 979-11-7439-012-7

※ 잘못 만들어진 책은 바꿔 드립니다.
　이 책 내용의 일부 또는 전부를 재사용하려면
　반드시 저작권자의 동의를 얻어야 합니다.

봄처럼 가을 같이

이재권 시집

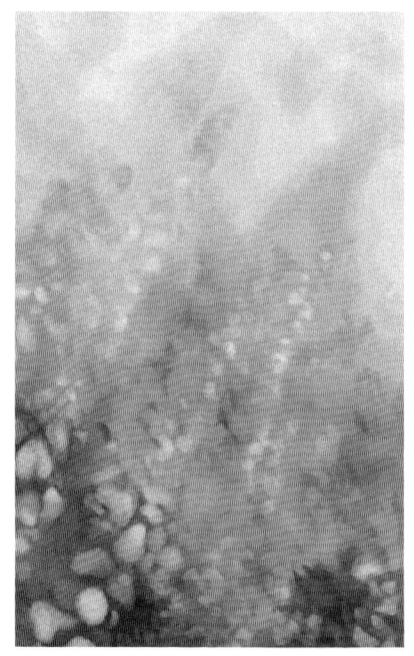

도서출판 명성서림

시인의 말

눈에 잡혀 가슴에 머물다
詩가 되어 나가려 하여 여기에 잡아 뒀다.
미우나 고우나 아쉬워도 내 곁에 머물며 들락거리던 녀석이다.

한세상 한없이 봄처럼 가을 같이 살아가는데 어느 날 갑자기 외롭고 서글퍼져 지난날을 돌이키며 앞날을 생각하는 심각한 때가 있었다. 병실에 누워 실개천 흐르고 노란 감이 주렁주렁 열려있는 고향의 어린 시절이 떠올렸다. 아련한 기억이 사라질까 두려워 아물거리는 지난날의 추억을 토막토막 되돌려가며 겁 없이 달려들어「일흔, 돌아보다」「너 있으니 내가」시집 두 권을 묶기도 하였다.

가는 세월 붙잡고 가다 오다 보고 들은 느낌과 생각을 남겨둘까 하고 글방을 기웃거렸다. 小說은 길고 隨筆은 조금 길고 詩는 성큼 찾아오기도 찾아가기도 하여 어루만져 품에 안아 세 번째「봄처럼 가을 같이」또 담았다.

"살아 있으니 시를 쓰고 시를 쓰니 살아 있다" 하였던가.
詩 걸음마를 할 수 있게 한 신광호 시인, 한상남 시인, 이경 교수님 살아 있으니 詩의 세계 자박자박 걷고 있습니다.
고맙습니다.

2025년 6월

이재권

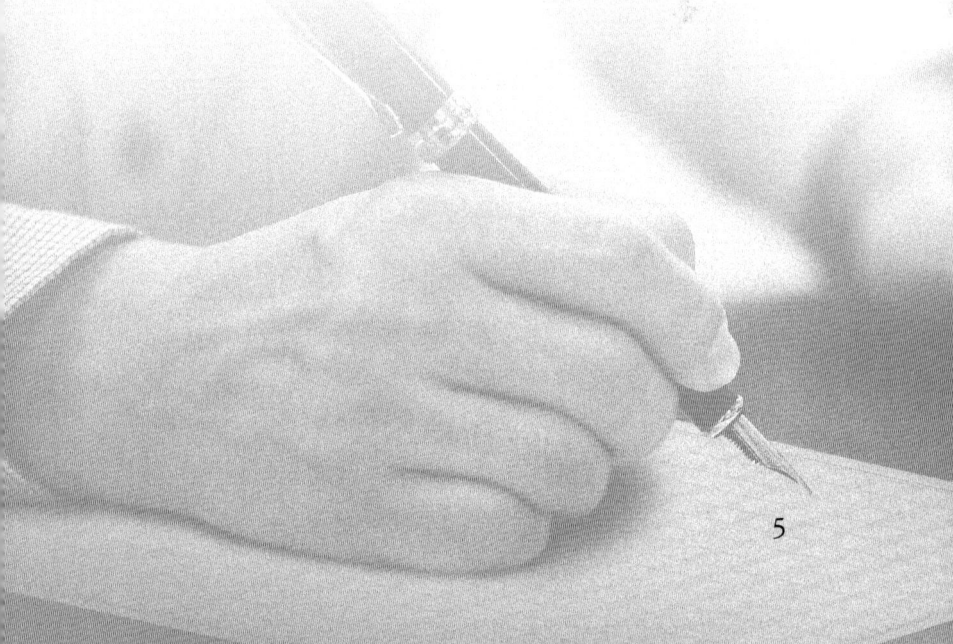

04 | 시인의 말

1부 계절은 갔다 오는데

13 | 가을 꼬리
14 | 봄 오는 소리
15 | 산골의 꽃
16 | 계절은 갔다 오는데
17 | 개나리
18 | 쥐똥나무 꽃
19 | 때늦은 장미
20 | 봄 저무니
21 | 버려진 배추
22 | 애기고추
24 | 뽕밭에서
25 | 누에의 꿈
26 | 가을 잡으러
27 | 해 뜨는 아침 바다
28 | 폰가락
30 | 벽시계

2부 친구야, 오너라

33 | 기약
34 | 인생길
35 | 나이도 점수가
36 | 원점
37 | 친구야, 오너라
38 | 아픈가, 친구야
39 | 연가
40 | 벽
41 | 귀천
42 | 장터거리
43 | 보람찬 얼굴
44 | 뒷동산 가자
45 | 형제봉 가는 길
46 | 성재 만났다
47 | 삿갓이 되리
48 | 시인의 눈
49 | 오늘의 시선

3부 냇가에서 멱 감고

53 | 무릎 베고 싶은데
54 | 호롱불
55 | 닭 우는 소리
56 | 냇가에서 멱 감고
58 | 여름방학 외갓집
60 | 공책 자랑
61 | 나무 홍시
62 | 엄마 생각
63 | 엄마 향기
64 | 오늘 우케 넌다
66 | 우리 집 청국장
67 | 복숭아 서리
68 | 검정 모자
70 | 그날
71 | 장터 막걸리 집
72 | 도양정 둥구나무
74 | 물감

4부 봄처럼 가을 같이

77 | 그냥
78 | 아내 모습
79 | 접시꽃사랑
80 | 담다
81 | 부모 마음
82 | 곡간 채웠는데
83 | 봄처럼 가을 같이
84 | 한여름 마루에
85 | 그리움 가득 싣고
86 | 나이가 온다
87 | 냉이로 봄 마중
88 | 서울 가는 기차
89 | 산다는 게
90 | 묘목 한그루
92 | 진수성찬
94 | 비명

5부 바람 따라 나서다

97 | 도암호 가는 길
98 | 의상대와 홍련암
99 | 청간정
100 | 경포대
101 | 죽서루
102 | 청풍명월 찾아
103 | 문경 새재
104 | 사인암
105 | 광릉수목원
106 | 동구릉이 말한다
108 | 월정리역
109 | 안반데기
110 | 독도에 서다
111 | 오륙도 바람
112 | 별난 카페
113 | 소나기 마을
114 | 윤동주 문학관
115 | 김삿갓 문학관
116 | 겨울에 여름여행

118 | 시평·평범한 삶을 의미 있게
　　　　시인 한상남

1부

계절은 갔다 오는데

지나던 길손 넌지시 바라보다
너를 품에 안는다

가을 꼬리

가을이
가려 하여
꼬리 잡고 흔들었다

뿌리치며
낙엽 날려 흩뜨려 놓고
산 넘어간다

북촌에서 잠자고
봄 되면
벌 나비 불러 꽃피워 놀다

더위 오면
장마에 몸 씻고
기쁜 소식 갖고 온다기에
가을 꼬리 놓아 준다

※ 강남문학(2020), 양재천 글판(2021.가을) 등재

봄 오는 소리

소리가 들린다
바람결이 울타리 밑을 헤집는
봄 오는 소리

양지마당 병아리 소리
귓전에 들려오고
밤하늘에 반짝이는 별 소리 구름 소리
눈으로 들어온다

봄 마중 가려는데
봄은 마당 가운데 놀고 있다
나뭇가지에 매달아 두고
가지마라 빌어본다

봄아! 봄아!

※양재천 글판(2024.봄)등재

산골의 꽃

주어도
받아도
기쁜 건 꽃이랍니다

나는 그대의 꽃
그대는 나의 꽃

우리는
심심산골
열매 맺는 꽃이랍니나

계절은 갔다 오는데

가을이
낙엽 다독여 겨울잠 들고

겨울이
봄 깨워 새싹 돋운다

봄이
꽃 피워 여름 부르고

여름이
무덥다며 가을 부른다

계절은
갔다 오는 춘하추동

사람은
갔다 오지 않는 생로병사

개나리

가느다란 가지마다
눈망울 튀며 얼굴 내민다
나, 여기 있어요

올 때는 왕창 갈 때는 하나 둘
가다 오다 볼 때마다
눈 맑아지고 머리 가벼워
살랑 부는 실바람에 몸짓으로 반겨준다

겨우내 잠자다
너의 눈 움트면 나의 일 움트고
네가 꽃망울 펼치면 나의 일 펼친다
네가 꽃잎 접으면 나의 일 접으려한다

봄마다
남 먼저 찾아오는 너
손꼽아 기다리마 언덕배기 개나리야

쥐똥나무 꽃

무심코 걷는 길
그윽한 향기 코끝 스친다

벌 나비 들락이는 쥐똥나무 가지마다
보일락 말락
자잘한 하얀 꽃

하얗게 피었다 희불그레 지고
녹색 열매로 태어나 까맣게 영글어
가지마다 주렁주렁 쥐똥 이름 달았다

찬바람에 떨어져
엄동설한 견디며
봄 오길 기다리는 '강인함' 보인다

장미보다 진한 향기
보일 듯 보이지 않는 쥐똥나무 하얀 꽃
네가 탐스러워

때늦은 장미

장미야!
넌, 어이 홀로
짠한 향기 뿜으며
오가는 이 발길 멈추게 하나

봄날엔
벌 나비 불러
나부끼며 으스대던데
언제까지 외로이 싱그러울거야

툭~, 치는 가을바람에
일그러지는 너의 모습 가련하여도 탐스럽다
불쑥 치미는 성질 있어 가시를 가졌나

때늦은 장미야
향기 있고 가시 있고
외로워도 싱그러운 너를 닮고 싶다
장미 같은 인생

봄 저무니

삼월은
울 밑에 새싹 돋고
봄바람에 제비 날아든다
봄 왔나 보다

사월은
꽃이 피고 지며 벌 나비 불러대고
춥다 덥다 바람 불고 비 내린다
봄 한번 요란하다

오월은
산천이 푸르렀고 찔레꽃 피려는데
산들바람이 송홧가루 뿌려댄다
가는 봄 허무하다

기다렸던 봄
허무하게 가버린다
사랑이 저무니 봄마저 야속하다

버려진 배추

높고 한랭한 산속
용산리 산비탈 황토밭 배추야
넌, 어이 여기에

밭두둑 따라
가지런히 너풀대며 자라다
튼실하게 알차면
간택 받아 몸 다듬고 먼 길 떠나나

같이 가지 못하고
밭이랑에 버려진 배추야
넌, 어이 자랐기에
너의 모습 가련하다

지나던 길손 넌지시 바라보다
간택 받지 못한 너를 품에 안는다

애기고추

하늘 끝까지 오르려다
늘어진 끝자락에 올망졸망 달려있는 애기고추
서리 올까 두려워
할머니 손에 잡혀 바구니에 담긴다

매운 학년으로 나뉘어
싱크대에서 몸 씻고 통으로 짜개어
밀가루 옷 입는다

찜통에 들어
무명 보자기 깔고 몸 맞대어 찜질하고
기진맥진 늘어져
마루에 자리 펴고 벌러덩 눕는다

맞댄 몸 떼어지고
가을바람 들라고 뒤집히고 비집혀
하루 이틀 바람 쐬 고추말랭이 태어난다

광에 들어 기다리다
이따금 불려 나와

기름에 튀겨져 고추 까까 되고
야들야들 삶겨지면 찬 되어 식탁에 오른다

서리 피한 애기고추
한세상 다하며 맛난 음식 되었다고
바스락바스락 노래한다

뽕밭에서

남방골
산 중턱 뽕밭
새까만 오디 뽕잎 뒤에 숨었다

찾아온 나그네
뽕나무 가지 잡고
새콤한 오디 따 입 채운다

산새는 오디 쪼아 먹고
누에는 뽕잎 갉아 먹고
나그네는 세월을 날름 삼킨다

누에의 꿈

알 깨고 태어나
보일락 말락 꿈틀거린다
한평생 뽕잎만 먹는
지독한 편식쟁이

소리 없이 먹다
소낙비 내리듯 먹는다
마지막 잠은 고개 쳐들고 이틀이나
나방이 되려고
명주실 뽑아 비단 집 짓고
움츠리고 누웠다

새하얀 비단 집
인간이 빼앗아 가고
번데기 되어 간식 되어도
누에는 나방을 꿈꾼다

가을 잡으러

가을이
나뭇가지에 알알이 앉아있다
억새는
가을 간다고 구슬피 운다

낙엽 밟혀
어이 왔느냐 하였더니
입동 왔기에 달빛 타고 내렸다네

한 해가 간다고
양재천 낙엽의 거리에 가을이 서성인다
가을 잡으러 가야지

해 뜨는 아침 바다
- 통영 마리나 리조트에서

먼동 터며
바다 향기 밀려온다.
아침 해 뜨려고 붉은 카펫 깔려온다.

은은한 물결 소리
연인들의 속삭임인가
상큼한 바다 향기 콧속 스며들고
살랑대는 바람 귀 잔등 스친다

잔잔한 아침 바다
어장 가는 통통배 거품길 만들고
갈매기 한 마리 누굴 찾아가는 걸까

하룻밤 나그네
보내기 아쉬워
잔잔하던 물결 길 언덕 때린다

아침 햇살 받으며
물결 따라 걷고 싶다
그날이 언제일까 뜨는 해 바라본다.

폰가락

내가 아장아장 걸을 때
대소사大小事 소식 사람 보내 전하였다 그러다 언젠가 글로 써 노란 봉투에 넣어 빨간 우체통에 넣으면 우체부가 전달하였다.

국민학교 입학하여
전화 거는 학습한다며 담임 선생님이 우체국으로 데리고 가 난생처음 전화를 걸었다. 높게 걸려있는 노릇한 놋쇠 송화 판에 입을 대려고 발가락 끝에 힘주어 까치발로 "보이소." 하였다.
누군가 대답하여 귀신이 내려 보는가 덜컹 겁이 났다.

몇 십 년 후 (1971년)
우리 집에도 전화를 사들여와 전화로 소식을 주고 받았다. 그러다 신호만 받는 삐삐(무선 호출기)가 나오고 (1983년)
이동 전화인 카폰이 나왔다 (1985년 대중화).
메줏덩이 같은 커다란 전화기라 꽤 무거웠다. 자동차에 장착한 안테나를 통하여 말이 오가는 신기한 괴물이었다.

그러다 얼마 후
손에 달랑 들어오는 핸드폰이 대중화되었다 (1988년).
시간과 날짜를 볼 수 있고 하루 일정을 기록 할 수 있어 시계를 손목에서 풀고 포켓에서 수첩을 빼내게 하였다.
카메라를 장롱 속으로 몰아넣었고 지하철이나 버스 앉으나 서나 걸어도 몸에 지닌다.
책 읽는 사람보다 고개 숙이고 핸드폰만 들여다보는 사람이 많다.

요깃이
내 곁에 머물던
시계, 수첩, 지갑, 신문 물리친 괴물이다
이제는 누구나 갖고 있고 없으면 불안하고 허전하여 없어서는 안 되는
손가락 발가락에 이어 폰가락 되었다.

폰가락아!
언제나 같이 하렴
난, 네가 너무 좋아

벽시계

똑딱 똑딱

언제나
그 자리
같은 길 걸어간다

평생토록
끝없이
끝 찾는 시계를 본다

나도
똑딱 똑딱

2부

친구야, 오너라

밟히는 꽃잎이 나랑 놀잖다

기약

꽃피고
새 울면
만나자던 친구

꽃은 피었건만
친구는 오지 않네

새야, 새야
지지배배 하여라

네가 울면
그리운 내 친구
찾아온다 했단다

인생길

生 老 病 死 먼 길

老 되어 쉬어볼까 하는데
病 다가온다.
死 넘보며 술래잡기하자네

싫다는데
서성이며 기웃거린다
술래 되려나

病아!
살며시 와다오
먼~먼~ 길 사뿐 가련다

나이도 점수가

삶에 합격 불합격 과락 있다

국가고시
40점은 과락이다
60 안 되면 합격 될 수 없고
70 되어야 그냥그냥이고
80 되어야 잘한다 하고
90 되면 썩 잘한다 하는데
100은 어쩌다 받는 점수

인생살이
마흔 못 넘기면 살았다 할 수 없고
예순 넘어야 살았다 할 수 있다
일흔 넘으면 그냥그냥 살았고
여든 넘으면 살 만큼 살았다는데
아흔 넘어야 느긋하게 살았다 하네
백까지 사는 건 어쩌다 사는 걸세

벗님네야
어쩌다가는걸세
느긋하게 살려면 몸과 마음 다스리게

원점

하늘에서 놀다
구름 타고 내렸다

이산 저산
곳곳에 머물다
도랑 따라 강 따라 바다에 모였다

바람 오면
태풍 일으켜 파도와 놀다
증기 되어 하늘로 오른다

인생은
원점으로 돌아가는
새옹지마 수레바퀴

친구야, 오너라

술 한 잔 하렸더니
친구가 없다

허공에 뜬 달과 하렸더니
달도 어디 갔는지

누군가 나를 보고
혼술 하라는 가

잔 채우고
쥐포 두어 마리 구워둘게

친구야, 언제 올래
영산홍도 문 열라며 기다리고 있는데

아픈가, 친구야

아프다는 건
살아 있다는 거고

건강하다는 건
아픔이 올 거란다

친구야!
많이 아픈가!

아픔도 건강도
앞서거니 뒤서거니 하는 거라네

산다는 게 그런 거라오
힘내시게, 친구야!

연가戀歌

네가
늘
내 곁에 맴돈다

벽壁

부닥쳐도
보이지 않는
높고 낮은 벽

오르다
떨어지고 넘어가고
돌아가기도 하는 벽
저마다 쌓는다

보이다 안 보이고
있고도 없는
너와 나의 벽 허문다

귀천歸天

울며 왔더니
　웃으며 반겼어라

울며 보내니
　웃으며 가리라

소풍 같은 세상
　머물다 가노라

장터거리

성남 모란장
합죽한 할머니가 난쟁이 의자에 앉아
맷돌 돌린다.
오른손으로 돌렸다 왼손으로 돌렸다

이놈 돌려
자식들 시집장가 보냈지
눈 감는 날까지 돌려야지

한숨 뿜는
할머니 얼굴에 삶의 보람 보이고
한恨 많은 세월이 한限없이 돌아간다

사려고 팔려고
어깨 부딪치며
깎고 깎으려고 보채는 시장터
미소를 건네는 삶의 맛 보인다

보람찬 얼굴
   - 지하철에 참전 용사

깨알 같은 글
개미처럼 붙어있는 누렇게 바랜 책
지하철에 앉아 눈으로 훑는다

책장 넘기는 암울한 표정
초라한 의상 너덜너덜한 가죽장갑
전쟁 치른 모습

가난했지만 참고 견디며
"하면 된다."
희망 품고 살아온 모습

경로석에 늙숙이
허리띠 졸라매던 힘겨웠던 지난날
자랑스러운 보람찬 얼굴

뒷동산 가자

동산에 달 오른다

한가위 보름달
중천에 뜨기 전 달구경 가자

달 없는 밤하늘
은하수 물결친다 별구경 가자

달뜨고 별 모였다
은하수에 달 담아 별처럼 놀아보자

오너라, 동무야
뒷동산 가자

형제봉 가는 길

산길 오르니
언덕배기 진달래 며칠 전에 떠나고
꽃비 내린다

쉬어가던 도마치 고개
넓히는 도로에 밀려 길목 잘렸고
오르던 산등성이
서울 가는 고속도로 누르고 지나간다

길 건너 바라보니
두 형제가 안개 속으로 들락이는데
밟히는 꽃잎이 나랑 놀잖다

형제봉 가려는데
도마치 고개는 잘렸고
버들치 고개로 가려니 가는 길 멀어졌다

형제봉아!
너를 자주 찾았는데 뜸하겠다

성재 만났다

한평생 친구
청주한씨 聖宰 韓萬正 음택

소나무 우거진 널따란 벌안
아담하고 야무진 둥그런 돌집
11대 선조 아래 육십여 명 모여 있다
'뼈대 굵다' 자랑 하였는데 항아리만 보인다.

멍하니 쳐다보며
'잘 있었느냐' 하여도 대답 없다
잊었는지 안 하는지

'또 오기 어려울 거야'
돌아서며 하는 말 알아듣는 듯
'건강해라! 오래오래 있다 만나자'
소나무 여럿이 내려 보며 전한다.

삿갓이 되리

비 오면 비 막고
햇볕 쬐면 햇볕 막는
하늘 가리는 거추장스러운 삿갓

하늘 볼 면목 없어
삿갓 쓰고 방방곡곡 다니며
글쓰기 즐긴 김병연

하늘은 가려도
마음만은 못 가려
하늘 보기 민망하다는 지극한 효심

바람 불고 비 내려도
가는 곳마다 글 뿌렸다니
괴롭고도 즐거웠으리.

스마트 폰 챙겨
세월 따라 바람 따라
방방곡곡 글 뿌리는 삿갓이 되리

시인의 눈

사람은 눈이 두 개
시인의 눈은 몇 개

보이는 게 다른가 봐
비유하고 은유하여 느낌도 다르나 봐
그래서 시를 짓나 봐

시인은
소리 바람 과거와 미래를 보고 듣는가 봐
속마음도 보이나 봐

시인의 눈
헤아릴 수 없다
부러워 몇 개 가질래

오늘의 시선視線
- 항공모함 레이건호, B-52

땡벌 가득하다
커다란 운동장 레이건함
부산항에 닻 내렸다

말벌(B-52) 왔는데
돌아오지 못하는 강 건너는데
아이가 겁 없이 쏘아댄다

땡벌 가만히 앉았어라
네가 들락 이면
아이가 핵 넣은 모기약 뿌릴라

아이야!
불장난하지 마
평화로운 자유대한민국이다

* 2023년 10월
  우크라이나와 러시아, 이스라엘과 하마스가 전쟁 중인데 미 7함대 항공모함 레이건호 부산항에 입항하고, B-52 폭격기 이 땅에 처음 왔다.

3/부

냇가에서 멱 감고

자맥질하던 동무들
냇물같이 빙빙 가슴 속에 맴돈다

무릎 베고 싶은데

무릎에 누워
엄마 얼굴 올려본다

어르며 내려 보는
미소 짓는 얼굴
요것아! 하며 쓰다듬던 엄마 손길

무릎에
쥐가 놀아
쑤시고 저린 다며
허벅지를 주먹으로 팍팍 쳤었지

내가 크면
쥐 잡아 드릴게요 하였는데
그 다리 어디에

내려 보던 그 얼굴 어디에서 찾을까
무릎 베고 싶은데

※ 純粹文學(2023.1월)등재

호롱불

해 지고 어두워 호롱불 켰다
공부할 때 호롱불
밥 먹을 때 등잔불
마중 갈 때 호롱등불

호롱불 켜고 공부하다
머리카락 그슬려
고약한 누린내 방 안 가득
엉겨 붙은 머리카락 새집 지었지

이슥한 장날이면
산모퉁이 돌아
아버지 마중 가던 길
꺼질 듯 깜빡이던 그 등불 들고 싶다

닭 우는 소리

꼬끼~오~ 꼬끼~오~
닭 우는 소리 들린다

초저녁, 잠자리 들라 알려주고
한밤중, 날 바뀐다
새벽엔 날 밝는다 알려준다.

으스름 닭 울면 잠자리 폈고
첫닭 울기 전에 제사상 물리고
새벽닭 울면 벼 타작 갔었다

자명종 없어도
닭 우는 소리에 하루 일 챙겼다
꼬끼오~ 꾸~ 꼬끼오~ 꾸~

냇가에서 멱 감고

매미 소리 요란하다
온몸에 줄줄 땀방울 흐른다
젖은 옷 훌렁 벗어 냇바닥 돌에 내려놓고
빙빙 도는 냇물에 뛰어들었다

온몸이 저릿저릿
깜짝 놀란 피라미 떼 도망치다 허벅지 쪼아대고
물 잠긴 돌 덤불에 맨손으로 메기 잡고
자맥질하며 술래잡기 즐거웠다

개아재비 잡아
햇볕에 데워진 조약돌 위에 놓아두고
날기를 기다렸다
젖은 날개 마르고 뒷다리 비비다
푸르릉~ 냇물 찾아 날아갔다

두어 시간 멱 감고
벗은 옷 입으려니 귀가 먹먹
귀에 든 물 빼려고
한쪽 귀에 손바닥 대고 껑충껑충 뛰었다

물쭈구리 덤바구 밑
빙빙 돌며 흐르던 맑은 냇물 어디로 갔나
자맥질하던 동무들
냇물같이 빙빙 가슴 속에 맴돈다

여름방학 외갓집

여름방학 하였다
외갓집 간다

신작로 가다
가로수 그늘에 쉬는데
트럭이 지나가며
희뿌연 흙먼지 일으키고 돌멩이 튕긴다

새터 나루 뱃사공
얕은 곳은 대나무 장대
깊은 곳은 노 저으며 살랑살랑 나룻배 몬다
뱃삯 달라는 사공에 외송댁 간다 하니
많이 컸다며 반긴다

나룻배 내린 백사장 길
맨발로 걸으니 발바닥 따끔 따끔
외갓집 동네 보인다
동네 어귀 숲 마당
매미 소리 소 울음 요란하고 시끄럽다

낮에는
남강새터* 나루에 멱 감고
원두막에 올라 수박 먹으며 잠들고

밤 되면
마당에 모깃불 피워 삿자리 펼치고 누워
은하수 바라보며
네 별 내 별 헤아리다
떨어지는 별똥별에 놀라기도 하였다

삼십 리 길 걸어도
외갓집은 밤낮으로 즐거웠다

* 남강새터 : 의령군 정곡마을 앞으로 흐르는 남강의 나룻터 지명

공책 자랑

장에 다녀오시며
아버지가 사다주신
얄팍한 공책 세 권

잘못된 곳 있을까
한 장 한 장 넘겼다
표지에 국어 산수 사생 내 이름 썼다

머리맡에 포개두고
잠자리에 누워도 잠 오지 않아
날 새기를 기다렸다

이르게 학교에 가
동무들에게 자랑하고
선생님께도 보였다

그 동무 그 선생님 어디서 무얼 할까
보여주고 싶은
공책 쌓여 있는데

나무 홍시

감나무 끝에 홍시
늦은 봄 태어나
오뉴월 장마 태풍 견디어
홍시 되었다

달덩이같이 불그스레한 얼굴
하얀 분 발랐다

가지 당겨 딴 홍시
입에 넣어 우물우물
입술에 묻은 향 혀끝에 머문다

나무 끝에 홍시
까치가 쪼아댈까 바람에 떨어질까
홍오리* 들고 서성인다

* 홍오리 : 장대 끝에 그물주머니를 달아 홍시 따는 도구

엄마 생각

엄마!
그립고 그리워
엄마 얼굴 어렴풋 그렸는데 그려지지 않네

베틀 위에 부둥켜 안겨
짜고 있는 피륙에 앉아 젖 먹던 기억
엄마 품이 포근하여 내려가기 싫었다

보리쌀 끓이는 엄마 곁에 앉아
부지깽이에 불붙여 불 지른 기억
집이 불타도 놀라지 않았고 꾸지람도 없었다

엄마 팔 베고 낮잠 자다
드르르 소리에 눈뜨니 주먹만 한 배 보여
누군가 하였더니 이모 얼굴 보였다

훤칠한 키 하얀 피부 단정한 차림새
부지런하고 날렵하고 알뜰한 살림살이
'북실댁 만 하여라'
엄마 기억 아련하다

엄마 향기

부엌에 가마솥
뚜껑 여니 속이 텅텅 비었다

보리쌀 깔고
쌀 한 움큼 얹어 밥 안쳐 놓고
바닥에 똬리 깔고 앉아
솥 갈비에 불 지펴 부지깽이로 뒤적였지

밥 익는 가마솥
곰방대 같이 하얀 증기 뿜으며
흥에 겨운 솥뚜껑 덜거덕 덜거덕 춤추고
구수한 밥 냄새 부엌 가득하였지

어른 밥 먼저 푸고 아들 밥 푸고
남은 밥
양은 대야에 퍼 담아 보자기로 덮어두었지

거무스름한 가마솥
반질반질 닦고 닦던 엄마 모습
밥 익는 부엌에 엄마 향기 풍긴다

오늘 우케 넌다

아침 먹으며 아버지께서
장에 갔다 오꾸마. 내 말 잘 들어라

-오늘 마당에 우케 넌다,
-덕석에 나락 널고 방석에 콩 넌다.
-닭 내놓지 마라, 나락 쪼사 묵고 똥 싼다
-강세이 오모 쫓아내라, 우케에 오줌 쌀라
-소 마구에 소가 똥 싸모 치워라, 똥 깔고 눕는다
-바람 불면 헛간에 재 날아간다. 덮거나 물 뿌려라
-중 오면 도가지 보리쌀 반 바가지 퍼주고 거지 오면 식은 밥 한 보시 퍼줘라
-한참 있다가 우케에 고랑 두서너 번 갈아라.
하시며 빤히 쳐다보시던 아버지

밥상 물리시고
마당에 덕석 펴고 헛간에 들어 나락 가마니 등에 지고
우케 너시고 옷 갈아입고 나서시며
'갔다 오꾸마. 집 잘 보고 소내기 올라 하늘 자주 봐라'
종종걸음 장에 가시던 활달 하셨던 아버지

한 나이 지나
그 목소리 그 모습 찾아든다

우리 집 청국장

낙엽이 우수수
청국장 생각난다

뒷밭에서 추수한 콩
가마솥에 삶아
온돌방 아랫목에 무명 이불 씌워
하루 이틀 지나
거미줄 같은 수염 달고 청국장 태어난다

뚝배기에 끓이면
몸체 흐트러져도
구릿하던 냄새가 구수한 향기로

먹으면 먹을수록 맡으면 맡을수록
생각나는 청국장
가을이면 찾아와 겨우내 곁에 있는
구릿하고 구수한 우리 집 청국장

복숭아 서리

복숭아밭에 달 올라
울타리 구멍으로 기어들어
복숭아 서리하였지

가지 휘어잡고
꼭지 돌려 딴 복숭아
주머니 채워지면
냇물에 씻어 야금야금 먹었지

흔적 없애려고
복숭아씨 감추던 달 밝은 밤
두근두근하였어도 입은 즐거웠지

동무들아 어디 있나
오늘 밤 달 밝으면 복숭아 서리 가자

검정 모자

중학교 입학 때
아버지가 사다 주신 모표 붙은 검정 모자
풍성하여 눈썹까지 덮혔는데
이마가 아프다
모자가 작아졌나 머리가 커졌나
사 달라 하였더니 그대로 쓰라신다
없으면 사주시겠지

어느 날 하굣길
동네 어귀 다다라
봄 오면 논물 채울 웅덩이에 던졌다

사립문 들어서며
-다녀왔습니다.
-모자는?
-잊어버렸습니다.
-어디서?
-학교에서 예
-모자도 못 챙기고 무슨 일을 하겠나!

마루에 올라
발뒤꿈치 닿도록 잽싸게 방문 당겼다
온몸 짜릿하고 가슴 콩닥콩닥

웅덩이에 던진 모자
논이 된 땅속에서 어떤 모양 되었을까
그 모자 보고 싶다

그날

손에
꼬~옥
쥐여 준 쪽지

"좋아해"

그립다
지금 어디에

장터 막걸리 집

갑장 이리 오게
사돈도 이리 오소
갑장과 한잔하고 사돈과도 한잔한다

이방 저 방 모여 앉아 막걸리 타령이다
아랫마을 처자 있고 윗동네 총각
'사돈 맺으면 좋을 거야'
가고 오던 말끝에 사돈 되었다

한 주전자 더 달라는 취객에게
'이제는 술 없소 얼른얼른 집에 가소'
주모의 한마디가 서운하게 들렸는지
두루마기 자락 걷어쥐고 휑~하게 일어선다

'조심하며 가세요.'
'다음 장날 또 봅시다.'
웃으며 인사하는 주모 얼굴 떠오른다

도양정 道陽亭 둥구나무

뿌리 뻗고 가지 뻗고
질목 동네 한가운데 도양정 둥구나무
무성한 나뭇잎 하늘 덮었다

천년 사는 나무 심어
대들보 같은 큰 재목 동량으로 키워
천륜天倫을 즐기는 도리원桃李園 만들고
맑은 그늘 만들어 많은 사람 덮어 주려고
느티나무 세 그루 심었다는데,
오랜 세월 지나니 세 나무가 한 몸 되어
둥구나무가 되었다

이른 봄 새잎 필 때
동쪽 가지는 누멀리 서쪽 가지는 공지 들녘
피는 순서 따라 풍년이 든다는데
올해는 함께 피어 온 들판에 풍년 오려나

한여름 더위 오면
둥구나무 그늘에 돗자리 삿자리 펴고
마을 사람 모여 정겨운 이야기로 낮잠 들고

추석이면 그네 매달고
아이들은 나무에 올라 술래잡기 하였다

산새도 나그네도 쉬어가던 도양정
산새 지저귀고 풀벌레 소리 요란하고
이름 모르는 풀꽃 도양정을 덮었다

한세월 지나면
도양정 찾는 사람 구름처럼 모여들고
천륜을 즐기는 도리원 될 거야
도양정 할아버지 李會益
느티나무 심은 뜻 이제 알았다

* 도양정 : 경남 함안 도동 마을에 있는 느티나무가 심겨
　　　　있는 亭閣

물감

내 고향 10월은
물감水柿*이 익어 가는 시절

온 동네 노란감이 주렁주렁
과수원으로 변하고
파란 하늘 새털구름 가을 밀고 오는데

실개천에 황새 살포시 내리고
감나무 끝에 까치 까악까악 짖으면
보고픈 그이가 온다 하였으니

그를 맞아 홍시 따먹으며
손바닥 흥건히 적시며
그리웠던 지난날에 젖으련만

누이야
평상에 돗자리 펴고
놋그릇에 찰떡 빚어 무명수건 마련해 주렴

* 물감水柿 : 물기가 많은 떫은 감으로 홍시나 곶감을 만들어
  먹는 감의 종류

4부

봄처럼 가을 같이

살며시
문 열고
뒷모습 훔친다

그냥

각시야
내가 와 좋노
그냥 예

서방님
지가 와 좋습니꺼
그냥 요

각시하고 서방이
그냥 좋단다

아내 모습

달그락달그락
고소한 내음
문틈으로 밀려온다

살며시
문 열고
뒷모습 훔친다

몸 가누며
돌아서는
미소 띤 얼굴

가족건강 지키는 우리 집 수호천사

접시꽃 사랑

그 임을
사랑한다고
접시꽃이 입을 벌린다

언제쯤 오실까
오시는 걸음 보고파
삐죽이 고개 올려 바라만 본다

어디쯤 오실까
접시마다 애틋한 사랑담아 보낸다
접시꽃 사랑

담다

너를
담기엔
좁을까 넓을까

담고
담기고 싶은
너와 나

부모 마음

이른 봄 심은 고추 붉게 물들고
늦은 봄 심은 참깨 노란 잎 보인다

깨 털고 고추 따 가을볕에 말려
방앗간 찾아
기름 짜고 고추 빻아
택배 보낼 준비 한다

시장에 있는
고추 가루 참기름 믿을 수 없다며
맵게 사는 객지 생활 고소하게 살라고
택배 상자 구석구석 잡곡 봉지 채운다

더 줄 게 없을까
이광 저광 살피는
자식 손자 생각하는 시골 사는 부모 마음
그 나이 되고서 부모 마음 알겠다

곡간 채웠는데

봄에 씨앗 뿌려
추수하여 넣어둔 곡간
참새 날아들고 쥐 달려들까
틈새 막았다

농사 힘들어
박토는 거절하고 옥토에만 지으려니
채워둔 곡간에 꺼내는 게 많다
구석구석 살피다
자식들 주려고 눈짐작하여둔다

세끼 먹을 농사
언제까지 지을지
추수하는 가을에 몸은 초겨울
봄 오면 농사지어야 하는데

봄처럼 가을 같이

무더워
더위 떼어 냉장고에 보관했다
그래도 무덥다
겨울에 꺼내려 한 조각 더 떼야겠다
무더위 조각 낼래

매섭게 추워
추위 모아 이불에 싸두었다
그래도 맵섭다
여름에 벗기려 한 겹 더 싸야겠다
추위 꽁꽁 싸놓을래

추위야 더위야
매서움 떼어놓고 살포시 와 다오
봄처럼 가을 같이

한여름 마루에

한더위 피하려
마루에 자리 깔고 선풍기 켜
TV에서 흘러오는 옛 노래에 귀 기울인다

입도 허전 마음도 허전
수박 꺼내 쪼개는데
구성진 노랫가락 옛 추억 불러온다

날뛰던 무더위
선풍기에 날리고 수박에 깔려
돌고 돌던 선풍기 스르르 멈추고
할아비도 사르르 잠든다

꿈속 헤매다
뭉게구름 만나면
소나기 한줄기 사리 살짝 할 거야

그리움 가득 싣고

부산행
기차에 몸 싣고
그리움에 애태운다

달 밝은 밤
절정과 절망의 도가니에
휩쓸렸던 심정
그런대로 지나 보구려

한 생이
날아가는 먼지 같이
잊혀버리고 묻혀버릴 한 줌
흙 될 텐데

지난날이
넋두리 되어 귓전 울릴 때
너와 난
무얼 하고 있을까

나이가 온다

동산에
해 올라
나이 하나 달려온다

등에
업히며
무겁지 한다

내릴까 하다
서산에 해 걸렸다며
그냥 가자네

힘겨워도
가려는데
서산에 해 떨어진다

냉이로 봄 마중

양지바른 밭 언덕
파릇한 냉이
수줍음에 설렘으로 돋아난다

봄나들이 길손
밭고랑 어슬렁이다
냉이 후벼 바구니 가득하다

가리고 골라
보글보글 된장국 끓여
냉이 향기 들이키며 봄 마중 치른다

봄은 오는데
임은 언제 오려나
봄바람에 설레는 마음 달랜다

서울 가는 기차

들판은 푸룻푸룻
이슬비 가르며 기차는 달린다

굽이치는 낙동강
초록 벌판을 옆구리에 껴안고
이무기처럼 지나간다

추풍령 언덕배기
봉숭아 붓으로 분홍 꽃 그리고
배나무 붓으로 하얀 꽃 그렸네
산천이 수채화

한강철교 지나는데
상하행선 교차하며 휘익~휘익~ 요란하고
한강 물 세차다

북적이는 서울
무얼 하고 무얼 먹고 어떻게 살아가나
그 속에 든다

산다는 게

아장아장 꼬마가
엎어지고 넘어져도 무서운 줄 모르고

손자 보고 반기며
엎어지고 자빠져도 어쩔 줄 모르고

팔다리 힘 빠져
엎어지고 쓰러져도 낡은 줄 모르고

생로병사 여정에
炳, 왔는데 죽는 줄 모르네

묘목 한그루

묘목 한그루 있다기에
함안 부봉리 가마봉으로 달려갔었지
마음 내켜 옮겨 심으려 하였다

일가친척 모셔놓고
'평생 내내 잘 살거야' 다짐하며 잔치 벌였다
2박 3일 머물다
뿌리 내릴 도항리 질목으로 옮겼다

곁에 두고 보고파
부산 수민동 단칸방으로 또 옮겼다
밤낮으로 살피며
전筋잎 따고 가지 다듬었다

오순도순 티격태격
부산에서 서울에서 50여 년 닳고 낡아
둥치 수술도 하였다

아들딸 삼남매
여섯 손주 수호천사 되었어도
아직껏 가꾼다
고목이 된 묘목 한그루

진수성찬

밥상 앞에 앉았다
푸짐한 찬이 맛 자랑 멋 자랑이다

함안 질목에서 자라 장아찌가 된 머위
의령 부림 콩으로 수지에서 담근 된장
부산 기장에서 택배로 온 멸치젓갈
오이랑 만나 냉국이 된 완도 미역
기절한 오징어와 가자미회가 주문진항에서
겉옷 벗은 노란 배추가 대관령 용산리에서
수하리 식탁에 앉았다

반기며 내려 본다
멸치젓갈이 배춧잎에 찰싹 달라붙는다
머위장아찌가 곁눈질 한다
오징어가 더운물에 데어 초고추장에 담기고
가자미회가 나도 한다
달달 끓은 강된장이 밥 위에 뛰어들고
냉국이 열 오르면 찾으세요! 시선 붙든다

머뭇거리든 수저가 나선다
뒤집고 들추고 집고 퍼 담아
어둑한 터널로 옮긴다

한바탕 치르고
수저가 식탁에 내려앉으니 식객이 일어선다

맑은 공기 곁들인 푸짐한 식단
임금님 수라상이 이보다 더할 수냐

비명 碑銘

한세상 살다
숱하게 옮겨 다니며 살았다

옮기지 않는
영원한 집 찾아
기웃거렸다

고향 삼봉산 기슭
일산 여래사 광주 시안 용인공원

마음이 편안할까
올려 보고 내려 보며 둘러보았다
용인공원 정남3납

흔쾌한 마음 일어
새겨둔다
"머물다 가노라 잘 살아다오."

5/부

바람 따라 나서다

한라산 바라보며 길손 떠난다
내일은 내일 대로 별난 일 잇수꽈

도암호 가는 길

대관령 수하리 계곡
산길 오르자 개울물 따라온다

산모퉁이 돌아서니
구름이 가리고 산이 막아섰다
하늘은 어디 갔을까

굽잇길 도는데 발길 당겨
누군가 했더니 가을 옷 입은 산
올려 보고 내려 보며 가을 어깨 잡는다

도암호 가는 길
가을 산 뭉게구름 번갈아 쳐다보다
만산홍엽에 넋을 잃는다

※ 月刊文學(2025.5월)등재

의상대와 홍련암

바다로 떨어질까
하늘로 날려갈까
마주 보고 걱정이다

홍련암 목탁 소리
추녀 끝에 맴돌다
물보라 철석이며 파도 몰고 온다

물엔 물고기
뭍엔 길손
홍련암 찾아든다

한평생 나그네
파도에 휩싸인 목탁 소리 들으며
의상대에 앉아 인생길 바라본다

※ 강남문학(2024)등재

청간정 淸澗亭
　　- 관동팔경 중 강원도 고성 유형문화재 32호

용트림 하는
아름드리 소나무 사이 우뚝한 청간정
누각에 오르니
만경창파 넘실대는 동쪽 바다

파도에 부딪혀 산이 무너지고
바윗돌이 불쑥불쑥 바다에 꽂혀있다
굽이치는 물결 따라
바람에 흩날리며 물방울 흩어진다

파도에 몸 씻는 하얀 모래알
바람에 뒹굴며 나를 보며 오라는데
철조망에 절벽이라 어쩔 수 없다

소실되고 증수하고
여러 번 반복하였다는데
나이를 모른다니 아쉬움 맴돈다

경포대 鏡浦臺
　- 관동팔경 중 국가지정문화재 보물2046호

경포대 누각에 오르니
第一江山 현판이 어깨 짓누르고
선비들의 편액이 내려 본다
솔향기 젖은 솔솔바람 몰려온다

밤 되면
달 다섯 개 뜬다는데
뜨는 달 바라보며
선비들의 심상 꿰뚫으련만

해 떨어지는 경포대
신선이 부는 피리 소리 구름 밖에서 들려올 듯
아쉬움에 그리움 가득
휘영청 달 오르면 달빛 밟고 올 거야

죽서루 竹西樓
- 관동팔경 중 경북 삼척 보물 213호

오십천 절벽 암반 위
길이가 다른 다리로 우뚝한 죽서루
찾아온 길손들 웃음꽃 피운다

송강가사 터라
시 한수 나올 듯한데
맑은 물속 바위틈 메기같이
나올 듯 나오지 않는다

울퉁불퉁 솟은 바위
나그네 발길을 막았다 열었다
굽이치는 오십천이 죽서루를 휘감는다

세상 물결에 육백여 년 견뎠는데
얼마나 더 견딜까
인생은 짧고도 무상하다

청풍명월 찾아
- 청풍호 벚꽃축제

청풍대교 지나는데
호수 반짝이고 제비 날아든다
벚꽃은 활짝 폈고
청풍은 안기는데 명월은 어디에

비바람 불어
꽃잎 지고 꽃술마저 떨어진다
굽잇길은 청풍답고 호수는 명월답다

청풍아! 명월아!
월악산 타고 오려나
청풍호에서 솟으려나

너를 찾는다

문경 새재

새재길 정상에 우뚝한 조령관
옛 흔적 보인다
오솔길 돌부리마다 선비들의 발자취

"단풍 든 새재를 나귀타고 넘는데
지친 말 부들부들 쓰러질 듯 오르네
산새는 바람 피해 숲으로 찾아들고
싸늘한 달빛만 사립짝에 얼비치네
나그네 회포는 끝이 없는데
낙락장송 지는 눈 말안장 때리네
늘그막 병치레 끊이질 않고
높은 벼슬 헛된 이름 부끄럽다네"

꾸불꾸불 새재길
선비들의 발자취
인생의 무상함 굽이굽이 엿보인다

사인암 舍人巖
   - 충북 단양에 있는 자연유산 명승 47호

월악산 남조천 개천가
병풍같이 우뚝 늘어선 사인암
바윗장이 조각조각 포개져 있다

솟았을까 깎였을까
비바람일까 눈보라일까 세월일까
언젠가 부스러져 주저앉겠지

우탁이 머물며
'늙는 길을 가시로 막고 막대로 쳐도 백발이 지름길로 오더라.'
가는 세월 노래하고
단원이 화폭에 담았다는 사인암
필묵 가졌더라면 한 폭 후렸으련만

찾아온 나그네
멍하니 바라보며 긴 한숨 쉬다
시 한 수 읊는다.
'인걸은 어디 가고 사인암 뿐인가'.

※강남문학(2022)등재

광릉수목원

말없이 말하고
생각 없이 생각하는 수목원
낮에는 인간
밤에는 신의 정원

다양한 동식물
얽히고설키는 갈등에 어울려
무성하게 자란다

자연 속 인간이란
하잘것없는 미물微物
단풍을 눈에
가을을 가슴에 담는다

동구릉이 말한다

왕과 왕비
이곳에 몸 두고 저승으로 갔다네
영원한 왕들의 고향 동구릉

언덕배기 오르니
능지키는 문인 무인 돌이 되어 굳어있다

비 오나 눈 오나 바람 불어도
꼼짝달싹 아니하고 몇 백 년을 이렇게
병사들이 환생 했나

소나무 전나무 자작나무 떡갈나무
종류도 크기도 다른데 각양각색 옷 입고
간들바람에 일렁이며 왕릉 지킨다

왕비의 환생인가 임금의 환생인가
이름 모를 산새 따라오라 지저귄다
하여가와 단심가를 읊조리니
조선왕조 꿈틀댄다

조용하던 나라
난세亂世이긴 하지만
'탓하지 아니하면 바른길 찾을 거야'
동구릉이 알려 준다

월정리역

적막한 철원 벌판
달리고 싶었지만 주저앉은 기차

기차 머리 북으로 갔다는데
바퀴는 어디 머물까
찢어지고 허물어져 엉성한 녹슨 몸체
상처투성이 되어 탄흔도 뚜렷하다

달리고 싶어도
오도 가도 못 하는 월정리역
철 따라 새떼 날아들고
바람이 승객 되어 오거니 가거니 하네

달리고 싶다는
기적 소리 멈춘 지 칠십여 년
철거덕철거덕 도처에 메아리치는 환청
나, 여기 왔었다
눈 자국 손자국 남겨둔다.

※ 현대문예(2018.100호), 한국문학인(2021.가을)등재

안반데기

구름 위 안반데기*
우뚝한 바람개비 하늘 찌르고
둥글넓적 배추포기 밭뙈기에 깔렸다

비탈진 배추밭 물고 물려 끝없고
파릇한 고랭지배추
김장 날 기다리며 산바람 마시며 너풀댄다

오는 바람에
더위잡아 날렸더니
가는 바람이 가마솥 떼어 달아난다

밤 되면
달빛 젖은 은하수 내린다는데
바람 불러
무더운 가슴에 알알이 쏟아 담을래

* 안반데기: 강원도에 있는 고랭지채소 재배 마을

독도에 서다

'독도는 우리 땅'
깊숙한 바다 밑 용암이 솟은 독도
울릉에서 2백 2십 리

예부터 신라의 땅
세월 따라 이름도 여럿
우산도 삼봉도 가지도 석도
일본에선 다케시마竹島 미국에선 리앙쿠르 암초

동해의 끝 외로운 섬
출렁이는 뱃길 따라 독도에 발 디뎠다
덮였던 애국심 돋는데
세찬 바람 몰려와 몸과 마음 씻어 준다

오랜 세월 바위 형제
바닷물과 어울려 노래하며 춤추고
벼랑 끝에 갈매기 나라 사랑하느냐며 빤히 내려 본다

물결 일렁이며
아침 불러오는 동해의 끝
"독도는 우리 땅!"

오륙도 바람

여섯이 다섯 되는 오륙도
서편에서 다섯 동편에서 여섯 섬
방패섬 솔섬 수리섬 송곳섬 굴섬 등대섬

하늘엔 뭉게구름 두둥실
산에서 바다에서 불었다 멈췄다
세찬 바람 달려온다

새파란 물결 애간장 씻고
몰아치는 바람 가슴속 파고들어
뜬구름 잡아 쥐고 오는 바람 삼킨다

언제 또 삼키려나
오륙도 바람
수평선 바라보며 인생길 더듬는다

별난 카페
— 제주 용머리 해안

허허벌판 홀로 있는 '별난 카페'
문고리 잡으니
고은 시인 '한라산'
이생진 시인 '다랑쉬' 유리벽에 붙어있다

시 한수 하고 드니
카페지기 아낙네가 '혼저 옵서예'

별난 게 뭘까
하늘 바다 별과 글이 삽화로 꽉 찬 벽
삼동차 삼동팥빙수 삼동쥬스 농산물과 빙떡

자리에 앉으니
차와 팥빙수도 앉는다
모락모락 나는 삼동차 김 사이로 백록담 보이고
팥빙수 꼭대기 티스푼 휘저으니 천지天池로 변한다

벽을 꼼꼼히 읽고
'쉬영 감수다. 고맙수다.'
한라산 바라보며 길손 떠난다
내일은 내일 대로 별난 일 '잇수꽈'

소나기 마을
- 황순원 문학관

소나기 마을에
봄볕이 소나기 되어 내린다

비 온 날 징검다리 황금빛 가을 들판
소년 소녀의 애틋한 그리움
사랑이 싹트던 소설 속 마을
수숫단 움막 모양「황순원 문학관」덩그렇다

사랑이 피려다 지며
"입던 옷 그대로 입혀 묻어 달라"
소나기 같이 잠시였지만
풋풋한 사랑은 끝이 없었네

먼저 가며 오라 한 듯
저승에서 영원한 사랑에 빠져 있는
소설 속의 사랑 이야기
소나기 마을에 듬뿍 담겼다

윤동주 문학관
- 서울 종로구 창의문로

자하문 고갯마루
형무소 같은 높다란 벽 어둑한 실내
폐기되어 쓸모없는 청운 수도가압장
문학관 되었다

임은 약관에 가셨으나
나라 위한 물살 힘차게 흐르라고
이곳에 흔적 남겼네

서울에서 공부하고
일본에 유학하여 문학 활동하다
형무소에서 가셨어도
영혼은 우리 곁에 머무네

언덕배기 오르니
하늘과 별 바람과 시가 보인다
별 헤는 밤이면
흐르는 별 속에 임 찾을래

김삿갓 문학관

꼬부랑 산길 드니 산이 앞을 가린다
하늘이 어디로 갔을까
바람 소리 새소리 구슬픈데
여울물 졸졸 삿갓 찾아가는 걸까

오라는 데 없어도
삿갓 쓰고 시 읊으며 방방곡곡 다녔다는데
어찌 여기에 아니 오랴

영월 향시에 장원급제하였으나
서천 부사 김익순 친할아버지임을 알게 되어
조상 욕하는 큰 죄 지었다며
이름 저버리고 한평생 삿갓 쓰고 방랑하였다네

문학관이 허전하다
방랑하며 읊은 시와 행적 방방곡곡에 있을 텐데
언제 이곳에 옮겨질까
시름에 잠긴 나그네
길 따라 여울 따라 삿갓 되어 내려간다

겨울에 여름 여행
- 뉴질랜드 남섬 Milford Sound

적도 남쪽 뉴질랜드
오클랜드 영상 24℃ 서울 영하 15℃
올라가고 내려간다

보고 보이는 건
양, 소, 말, 사슴, 알파카
초지, 나무, 산, 구름, 폭포, 호수, 만년설, 바다
호수는 새파랗고 하늘은 파랗다

안개비 내려
구름이 산 넘으려 허리 감싸는데
산은 비지땀 흘린다
만년설에 깔려 흘러내린 산
빗물 타고 내렸을까 바람 타고 내렸을까
넓은 들판 이루었다

사람도 자연도
소리 없이 영롱한 Milford Sound
멍하니 바라본다
만물이 머무는 이곳에 머물고 싶어라

시/평

시평

시인 한상남

문학은 사람에 관한 학문이고 삶에 관한 이야기이며 예술의 근본이다. 평범한 삶을 의미 있게 하는 방법으로 문학만큼 커다란 영향을 주는 것은 없다.
문학은 생활의 반영이고 삶을 재료로 하는 재창조이며 언어와 문자를 매개로 하는 창작 예술이다.
시는 마음을 대변하려는 욕구에서 시작된다. 공간 안에 존재하는 모든 것 (움직이는 것이든 아니든)을 살아있는 존재로 보고 말을 건넬 수 있고 곁에서 살아 숨쉬기 시작하면 시를 쓸 준비가 되어 있는 것이다.
시를 쓰고 싶다는 욕망은 실존 공간이 그 주체와 교감하면서 시작되고 여러 형태의 사물과 공간이 살아 움직일 때 창작된다.

우리의 가장 근본적 사유 법칙은 'A는 A이다' 라는 동일율과 'A는 A가 아니다'라는 모순율이다. 이러한 기반으로 논리학을 정립한 아리스토텔레스 이후 동일율과 모순율은 인간의 모든 이성적 사고와 그에 기반한 학문, 법

률, 그리고 사회 제도를 구축하고 지탱해왔다. 그러나 여기에서는 어떤 창의적 사유도 발생하지 않는다. 다행히 우리 정신 안에는 이 법칙 너머의 'A는 B다' 라는 은유적 사유 패턴이 존재한다.
은유는 우리의 정신이 활동하는 모든 분야에서 작동하며 바로 여기에서 창의적사고가 나온다.
개념적 은유 이론에서 은유는 언어의 문제가 아니라 사고의 문제이며 표현 방식이 아니라 개념화된 방식으로, 수사법에 따른 형식이 아니라 정신의 보편적 형식으로 규정된다.
은유적 표현은 은유적 사고가 언어적(시, 소설, 노랫말, 학술용어, 풍자, 속어 등) 또는 비언어적 (회화, 조각, 건축, 음악, 무용 등)으로 형상화된 결과물이다.
다시 말해 창작물이라 일컫는 모든 은유적 표현은 은유적 사고가 분야에 따라 또는 장르에 따라 각각 다른 수단과 방법으로 - 예컨대 문학에서는 수사법으로, 학문에서는 전문용어로, 회화와 조각에서는 색과 형태로, 음악에서는 선율과 리듬으로, 무용에서는 동작으로 형상화된 것이다.

우리가 일상에서 접하는 것은 은유적 표현이며 그 안에는 은유적 사고가 은닉되어 있다. 그래서 우리가 익히고 훈련해야 하는 것은 은유적 표현이 아니라 그 심층에 들어있는 은유적 사고이다.
은유적 사고력을 기르면 각종 은유적 표현들에 대한 이

해를 높일 수 있을 뿐 아니라 언어적 또는 비언어적 은유적 표현들을 스스로 만들 수 있다.
언어는 지금 여기 없는 것, 어디에도 나타나 있지 않은 어떤 것을 머릿속에 재생시키는 능력이 있다.

인간은 언어를 통해 자연계에 없는 현상을 상상했고 실현 시키려고 노력하여 현실로 만들었다.
언어는 창조력과 상상력의 중요한 모태로 언어는 단순히 말하는 용도에 그치지 않고 읽고 쓰는 데 사용 된다.
말하고 읽고 쓰는 것 중 가장 창조적인 힘을 발휘하는 것은 무엇일까?
글쓰기는 인간이 가진 언어의 능력이 최고로 발휘되는 행위이다. 글 쓰는 동안 고통도 있지만 글 쓰는 사람만이 느낄 수 있는 행복이 있다. 글쓰기만큼 사람을 집중시키는 일은 드물다. 집중된 시간 속에서 마음껏 생각을 펼쳐 나가다 보면 다른 세상을 살고 있는 것 같은 착각마저 든다. 이것이 글쓰기의 매력에 사로잡히는 이유다.
예술이란 그 기본이 사물이나 내면을 새롭게 보려는 의지에서 시작되고 시인은 언어를 통해 많은 것들을 만들어낸다.

이재권 시인의 글쓰기는 출근하다가 응급실로 실려 갔던 때부터 시작되었다고 한다. 집중치료실과 일반 병실에서 살아온 날들을 반추하고 살아갈 날들을 생각하셨다고 한다. 언제 어디서나 쓰고 싶을 때 스마트폰 이라는 도구로 손가락을 누르며 말을 걸었다는 시인은 본 것과 보이는 것들을 말하고 싶어서 스마트폰에 글을 쓰기 시작하셨고 좋은 글을 쓰려고 강의 하는 곳을 찾으셨다고 하셨다.

이재권 시인과 만난 건 2014년 늦은 여름이다. 송파 여성문화회관 실벗뜨락 '시와 에세이'에서 만났다. 고등학교 국어 수업 시간에 접한 것 외에 문학수업은 처음이라시며 매우 흥미를 보이셨다. 10여 명의 몽돌 동인들이 일주일에 한 번 만나 합평을 하며 인생과 문학에 관해 이야기 나누면서 동인지 몽돌 1,2,3,4권을 제본했다.

한승원 선생님의 '나 혼자만의 글쓰기 비법'을 교재로 공부하시는 중에는 한승원 시인이 살고 계신 장흥에 직접 찾아 다녀오시기도 하셨다.

이재권 시인은 2014년 '일흔, 돌아보다' 시집을 내시고 2016년에 등단하셨으며 2017년에 '너 있으니 내가' 두 번째 시집을 출간하셨다.

시인의 시 창작 활동과 한국 대경문학을 통한 문학 활동은 왕성하시다.

이재권 시인의 시 세계

1) 시 세계 중심에 가족이 있다.

- 둥근 가족, 아내 사랑 -

 첫 번째 시집 '일흔 돌아보다'의 뒷장에 가족들이 글을 남겼다. 무엇을 시작하기에 나이는 상관없다는 걸 느끼게 한다.

- 아버지께서 보여주신 열정과 도전을 삶의 자세로 삼겠습니다.
- 쉼 없이 달려오신 아버님의 새로운 도전에 존경의 마음을 드리며 항상 건강 하시기를.... 사랑합니다.
- '새로움 찾기에 늦음이란 없다.' 아버지의 실천에 무한한 존경을 보냅니다.
- 세대를 이어 가는 소중한 귀감, 나의 시아버지이십니다.
- 새로운 시도와 즐기시는 모습 멋지십니다. '여든, 또 돌아보다'를 기대하겠습니다.
- 항상 모범을 보이시는 아버지, 감사합니다.

시인을 향한 가족들의 둥근 사랑이 엿보인다. 가족들의 밥상도 풍성하고 둥글다. 먹는 일 만큼 소중한 것이 있을까? 어느 의사는 음식을 먹는 일은 몸에 원유를 넣는 일과 같다고 했다. 몸의 각 기관은 원유를 정유하고 운반하고 주유하는 일을 한다고 비유했다.

이상국 시인은 가족과 시의 관계에 대하여 이렇게 말씀하셨다. 가장 잘 아는 것을 쓰면 감정이입이 쉽다고 하시며 그의 시는 어쩌다 보니 가족이 주제로 된 시들이 많다고 하신다. 보편성을 말하고 절실한 것을 시의 소재로 삼을 때 자칫하면 가족 이야기는 사적 경지를 벗어날 수 없다고도 하셨다. 가족을 주제로 한 시가 사담이 되면 누추하고 천박한 것이 될 수 있는 위험도 있다고 하시며 공적 연대감을 말씀하셨다. 시는 감정과 정서를 노래하는 것으로 방대한 지식이 필요하다. 왜냐하면 남아 있는 것 같은 다른 세계를 만들어야 되기 때문이다.

음식을 준비하는 일은 중요하고도 재미있는 일이다. 아내 사랑이 각별한 시인은 아내가 준비하는 요리에도 관심과 사랑을 갖는다. 그래서 글을 통해 음식을 나누신다. 우리 집 청국장이 그렇다. 시인은 어려운 시절 함께 걸어온 아내에 대한 고마움을 시로 쓴다.

달그락달그락
고소한 내음
문틈으로 밀려온다

살며시
문 열고
뒷모습 훔친다

몸 가누며
돌아서는
미소 띤 얼굴

가족건강 지키는 우리 집 수호천사

- 아내 모습 -

각시야
내가 와 좋노 그냥 예

서방님
지가 와 좋습니꺼
그냥 요

각시하고 서방이
그냥 좋단다

- 그냥 -

중략

시장에 있는
고춧가루 참기름 믿을 수 없다며
맵게 사는 객지 생활 고소하게 살라고
택배 상자 구석구석 잡곡 봉지 채운다

                - 부모 마음 -

낙엽이 우수수
청국장 생각난다

뒷밭에서 추수한 콩
가마솥에 삶아
온돌방 아랫목에 무명 이불 씌워
하루 이틀 지나
거미줄 같은 수염 달고 청국장 태어난다

뚝배기에 끓이면
몸체 흐트러져도
구릿하던 냄새가 구수한 향기로

먹으면 먹을수록 맡으면 맡을수록
생각나는 청국장

가을이면 찾아와 겨우내 곁에 있는
구릿하고 구수한 우리 집 청국장

- 우리 집 청국장 -

2) 자연을 사랑하는 시 정신

- 도시에서 자연인으로 살다 -

　시골에서 자라난 시인은 체화된 자연으로 도시에 살면서도 자연인으로 살아낸다. 자연이 주는 원형적 사고를 바탕으로 도시에서도 자연에 집착한다. 자라온 시골 풍경에 익숙하여 발걸음을 멈추고 통찰한다. 그의 시에서 푸근한 시골정경을 만난다. 시인은 계절에 민감하다. 사물과 풍광을 누리며 소통하고 자연 속에 흠뻑 빠져 살면서 말을 건네고 관계를 맺는다. 인생과 자연을 비유할 수 있었던 고대인들이 문학인 이었던 것처럼 시인은 자연과 계절을 인생과 빗대어 말할 줄 안다. 그리고 순수한 마음을 지닌 시인은 풍자와 유머로 시를 짓는다. 시가 관념이나 추상이 아니고 구체적 실제로 다가온다면 의미를 전달하더라도 그 과정에서 이미지화하여 표현했기 때문이다.

가을이
가려 하여
꼬리 잡고 흔들었다

뿌리치며
낙엽 날려 흩뜨려 놓고
산 넘어간다

북촌에서 잠자고
봄 되면
벌 나비 불러 꽃피워 놀다

더위 오면
장마에 몸 씻고
기쁜 소식 갖고 온다기에
가을 꼬리 놓아 준다

- 가을 꼬리 -

꼬끼~오~ 꼬끼~오~
닭우는 소리 들린다

초저녁, 잠자리 들라 알려주고
한밤중, 날 바뀐다
새벽엔 날 밝는다 알려준다.

으스름 닭 울면 잠자리 폈고
첫닭 울기 전에 제사상 물리고
새벽닭 울면 벼 타작 갔었다

자명종 없어도
닭 우는 소리에 하루 일 챙겼다
꼬끼오~ 꾸~ 꼬끼오~ 꾸~

- 닭 우는 소리 -

가을이
나뭇가지에 알알이 앉아있다
억새는
가을 간다고 구슬피 운다

낙엽 밟혀
어이 왔느냐 하였더니
입동 왔기에 달빛 타고 내렸다네

한 해가 간다고
양재천 낙엽의 거리에 가을이 서성인다
가을 잡으러 가야지

- 가을 잡으러 -

줘도
받아도
기쁜 건 꽃이랍니다

나는 그대의 꽃
그대는 나의 꽃

우리는
심심산골
열매 맺는 꽃이랍니다.

- 산골의 꽃 -

3) 유년의 정겨움이 스며든 시어들

　시의 언어가 일상의 언어와 본질적으로 다른 것은 없다. 인간의 정서를 전달 할 수 있는 것이면 어떤 말로든지 시를 쓸 수 있다. 참된 시어는 자연적 언어이다. 시인은 자신의 언어를 발명해 내는 자가 아니며 언어 창조자가 아니라 가장 적절한 언어를 발견하는 사람이요 가장 적절하게 운영하는 사람이다.

　허영만 시인은 詩 라는 한자어를 말씀 言변에 모실 侍 라고 하시며 시인은 언어를 모시는 사람이라고 하셨다.

적절한 표현을 위해 풍부한 언어와 어휘를 갖는 것이 시인들이 가져야 할 자세라고 하셨다. '시인은 오직 모국어 속에서만 시인일 수 있다.' 라는 말에 동감한다면 우리말에 깊은 관심을 가지고 작품 속에 녹여야 한다고 하셨다. 유년의 뜰만큼 풍요로운 곳이 있을까? 부모님과 조부모님들, 조무래기 친구들과 즐겁게 놀던 마당과 교실, 들판에서 놀았던 놀이 또한 그렇다. 호롱불, 감, 복숭아, 참외, 수박, 누에, 애기고추, 참새...
유년을 서성이며 언어를 되돌리는 시인의 마음은 부자다.

중략

가지 휘어잡고
꼭지 돌려 딴 복숭아
주머니 채워지면
냇물에 씻어 야금야금 먹었지

중략

동무들아, 어디 있나
오늘 밤 달 밝으면
복숭아 서리 가자

- 복숭아 서리 -

해 지고 어두워 호롱불 켰다
공부할 때 호롱불
밥 먹을 때 등잔불
마중 갈 때 호롱등불

호롱불 켜고 공부하다
머리카락 그슬려
고약한 누린내 방안 가득
엉겨 붙은 머리카락 새집 지었지

이슥한 장날이면
산모퉁이 돌아
아버지 마중 가던 길
꺼질 듯 깜빡이던 그 등불 들고 싶다

- 호롱불 -

장에 다녀오시며
아버지가 사다주신
얄팍한 공책 세 권

잘못된 곳 있을까
한 장 한 장 넘겼다
표지에 국어 산수 사생 내 이름 썼다

머리맡에 포개두고
잠자리에 누워도 잠 오지 않아
날 새기를 기다렸다

이르게 학교에 가
동무들에게 자랑하고
선생님께도 보였다

그 동무 그 선생님 어디서 무얼 할까
보여주고 싶은
공책 쌓여 있는데

- 공책 자랑 -

4) 인생을 성찰하는 지혜로움 시 재료 삼다

   시인은 창작활동을 통해 그 정신을 구원한다. 이향아 시인은 "시는 내게 생명이다. 시는 내게 있어서 사랑이다. 시는 내게 고통이다. 시는 내게 고독이다."라고 하셨다. 고독하지 않은 인생은 멸시한다고 하셨고 우주와 삼라만상을 사랑으로 바라보아야 시를 쓸 수 있다고 하셨다. 시가 나를 구제(구원)했다고도 하셨다. "시 없이 어떻게 나를 어떻게 부지할 수 있었겠는가?"라 시며 생의 마지막 날까지 대표작을 열심히 쓰는 것이 시인이 할 일이라고 하셨다.
시는 일상생활에 크게 필요한 것은 아니지만 그런데도 무언가를 하고 있다. 한편의 시를 읽고 난 후 나타나는 변화, 그것이 시가 하는 일이다. 그 변화는 아주 조금씩 우리 전 삶에 작용한다. 인생의 끝이 어떨 것인가를 생각하면서 살아야 잘 살 수 있듯이 좋은 시는 시간이 녹아질 때와 사라질 때 작은 변화를 일으킨다.
시는 객관적 타당성보다 주관적이고 다의적인 사물로 접근하는 방법이 유력하다. 자신의 직관에 충실하고 영감을 얻으면 좋은 시를 쓸 수 있다.

　이재권 시인은 인생에 대해 성찰하며 고뇌한다. 단순하고 명쾌하게 사물을 보는 시인은 저 세상으로 떠난 이들을 찾아가고 만남을 기대하며 친구의 아픔을 염려한다. 시인의 다정다감한 성품이 엿보인다.

삶에 합격 불합격 과락 있다

국가고시
40점은 과락이다
60 안 되면 합격 될 수 없고
70 되어야 그냥그냥이고
80 되어야 잘한다 하고
90 되면 썩 잘한다 하는데
100은 어쩌다 받는 점수

인생살이
마흔 못 넘기면 살았다 할 수 없고
예순 넘어야 살았다 할 수 있다
일흔 넘으면 그냥그냥 살았고
여든 넘으면 살 만큼 살았다는데
아흔 넘어야 느긋하게 살았다 하네
백까지 사는 건 어쩌다 사는 걸세

벗님네야
어쩌다가는걸세
느긋하게 살려면 몸과 마음 다스리게

— 나이도 점수가 —

술 한 잔 하렸더니
친구가 없다

허공에 뜬 달과 하렸더니
달도 어디 갔는지

누군가 나를 보고
혼술 하라는 가보네

잔 채우고
쥐포 두어 마리 구워 둘게

친구야
언제 올래
영산홍도 문 열라며 기다리고 있는데

      - 친구야, 오너라 -

아프다는 건
살아 있다는 거고

건강하다는 건
아픔이 올 거란다

친구야!
많이 아픈가

아픔도 건강도
앞서거니 뒤서거니 하는 거라네

산다는 게 그런 거라오
힘내시게, 친구야!

      - 아픈가, 친구야 -

어머니는 고향이다. 어머니 속에 우리들이 들어있다.
그래서 정겹고 따뜻하다. 어머니 나이가 훌쩍 지나도 그

이름을 부르며 마음이 설레는 건 어머니가 살아온 날 속에 내가 들어있기 때문이다. 그래서 많은 시인들은 어머니를 그리워하며 노래한다. 이재권 시인도 어머니를 떠올리며 부르고 그리워한다.

부엌 가마솥
뚜껑 여니 속이 텅텅 비었다

보리쌀 깔고
쌀 한 움큼 얹어 밥 안쳐놓고
바닥에 따리 깔고 앉아
솔 갈비에 불 지펴 부지깽이로 뒤적였지

밥 익는 가마솥
곰방대 같은 하얀 증기 뿜으며
흥에 겨운 솥뚜껑 덜거덕 덜거덕 춤추고
구수한 밥 냄새 부엌 가득하였지

어른 밥 먼저 푸고 아들 밥 푸고
남은 밥
양은 대야에 퍼 담아 보자기로 덮어두었지

거무스름한 가마솥
반질반질 닦고 닦던 엄마 모습
밥 익는 부엌에 엄마 향기 풍긴다

- 엄마 향기 -

엄마!
그립고 그리워
엄마 얼굴 어렴풋 그렸는데 그려지지 않네
베틀 위에 부둥켜 안겨
짜고 있는 피륙에 앉아 젖 먹던 기억
엄마 품이 포근하여 내려가기 싫었다

보리쌀 끓이는 엄마 곁에 앉아
부지깽이에 불붙여 불 지른 기억
집이 불타도 놀라지 않았고 꾸지람도 없었다

엄마 팔 베고 낮잠 자다
드르르 소리에 눈뜨니 주먹만 한 배 보여
누군가 하였더니 이모 얼굴 보였다

훤칠한 키 하얀 피부 단정한 차림새
부지런하고 날렵하고 알뜰한 살림살이
'북실댁 만 하여라'
엄마 기억 아련하다

— 엄마 생각 —

 이재권시인은 여행을 많이 한다. 그리고 그곳의 일들을 시로 짓는다. 그 당시로 올라가 주인공들을 만나기도 한다. 그는 일상에서 시 재료를 찾으며 대상과 대화하며 지나간 삶뿐만 아니라 현재를 아름답게 산다. 시적인 여정을 여전히 살고 계시다.

꼬부랑 산길 드니 산이 앞을 가린다
하늘이 어디로 갔을까
바람 소리 새소리 구슬픈데
여울물 졸졸 삿갓 찾아가는 걸까

오라는 데 없어도
삿갓 쓰고 시 읊으며 방방곡곡 다녔다는데
어찌 여기에 아니 오랴

영월 향시에 장원급제하였으나
서천 부사 김익순이 친할아버지임을 알게 되어
조상 욕하는 큰 죄 지었다며
이름 저버리고 한평생 삿갓 쓰고 방랑하였다네

문학관이 허전하다.
방랑하며 읊은 시와 행적 방방곡곡에 있을 텐데
언제 이곳에 옮겨질까
시름에 잠긴 나그네
길 따라 여울 따라 삿갓 되어 내려간다

　　　　　　　　　　- 김삿갓 문학관 -

허허벌판 홀로 있는 '별난 카페'
문고리 잡으니
고은 시인 '한라산'

이생진 시인 '다랑쉬' 유리벽에 붙어있다

시 한수 하고 드니
카페지기 아낙네가 '혼저 옵서예'

별난 게 뭘까
하늘 바다 별과 글이 삽화로 꽉 찬 벽
삼동차 삼동팥빙수 삼동쥬스 농산물과 빙떡

자리에 앉으니
차와 팥빙수도 앉는다
모락모락 김나는 삼동차 사이로 백록담 보이고
팥빙수 꼭대기 티스푼 휘저으니 천지로 변한다

벽을 꼼꼼히 읽고
'쉬영 감수다. 고맙수다.'
한라산 바라보며 길손 떠난다
내일은 내일 대로 별난 일 '잇수꽈'

- 별난 카페 -

    모든 일상이 예술이다.
소설가 마르셀 프로스트는 '진정한 발견은 새로운 땅을 찾는 것이 아니라 새로운 눈을 갖는 것' 이라고 했다.
간절함이 보이지 않는 것을 보게 만들고 감각을 깨워 사물의 마음을 알게 한다. 세상에 하찮은 것은 없으며 보이는 모든 것이 감동을 준다는 귀중한 진리는 좋은 시를 읽을 때 느낄 수 있다.

시로 자신의 이야기와 생각을 나누며 사는 일은 퍽 행복한 일이다.

이제껏 그리셨듯이 이재권 시인의 삶이 올곧고 온유하며 주위를 밝게 만드시는 자상함과 따뜻함으로 충만하시길 기도드린다. 또한 늘 건강하시고 평강 누리시며 일상의 삶이 아름다운 시가 되시기를 기대한다.